Story Boards
For Indie Filmmaker

If Found, Please Return to:

_____

Tel/Cell:

Email:

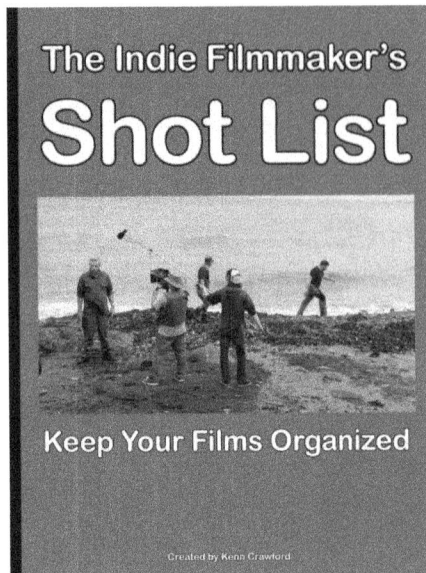

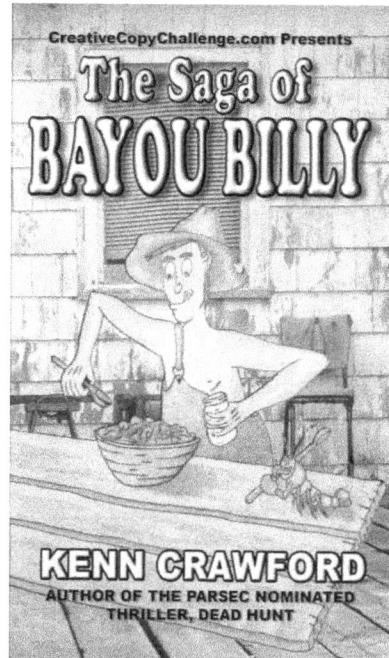

Journals and Activity Books

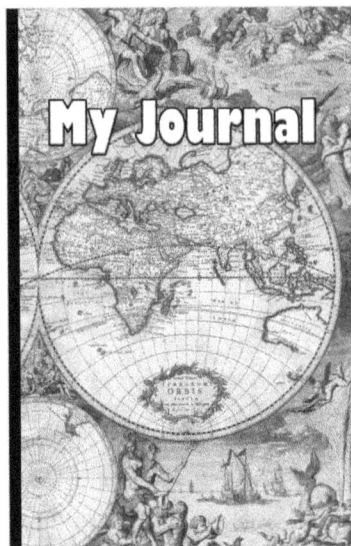

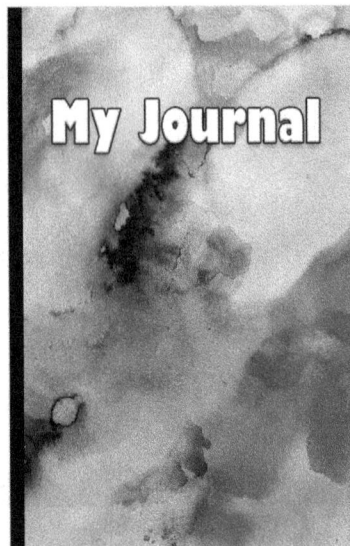

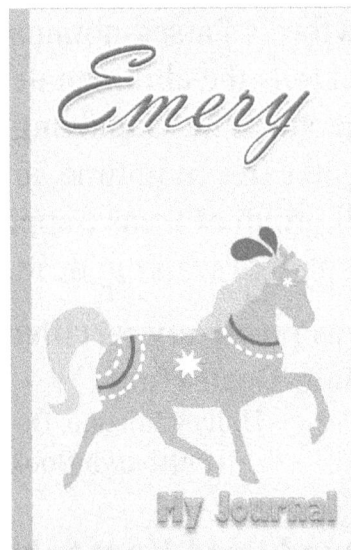

Production Title	Director	Writer	Page

Production Title: **Date:**

Writer: **Director:**

_____

_____

_____

_____

_____

_____

_____

_____

_____

_____

_____

_____

Production Title: **Date:**

Writer: **Director:**

Production Title: **Date:**

Writer: **Director:**

Production Title: **Date:**

Writer: **Director:**

Production Title: **Date:**

Writer: **Director:**

Production Title: **Date:**

Writer: **Director:**

Production Title: **Date:**

Writer: **Director:**

Production Title: **Date:**

Writer: **Director:**

Production Title:

Date:

Writer:

Director:

Production Title: **Date:**

Writer: **Director:**

Production Title: **Date:**

Writer: **Director:**

Production Title: **Date:**

Writer: **Director:**

Production Title:

Date:

Writer:

Director:

Production Title: **Date:**

Writer: **Director:**

Production Title: **Date:**

Writer: **Director:**

Production Title:

Date:

Writer:

Director:

Production Title: **Date:**

Writer: **Director:**

Production Title: **Date:**

Writer: **Director:**

Production Title: **Date:**

Writer: **Director:**

Production Title: **Date:**

Writer: **Director:**

Production Title:

Date:

Writer:

Director:

Production Title: **Date:**

Writer: **Director:**

Production Title: **Date:**

Writer: **Director:**

Production Title: **Date:**

Writer: **Director:**

Production Title:

Date:

Writer:

Director:

Production Title: **Date:**

Writer: **Director:**

Production Title: **Date:**

Writer: **Director:**

Production Title: **Date:**

Writer: **Director:**

Production Title: **Date:**

Writer: **Director:**

Production Title: **Date:**

Writer: **Director:**

Production Title: **Date:**

Writer: **Director:**

Production Title: **Date:**

Writer: **Director:**

Production Title: **Date:**

Writer: **Director:**

Production Title:

Date:

Writer:

Director:

Production Title: **Date:**

Writer: **Director:**

Production Title: **Date:**

Writer: **Director:**

Production Title: **Date:**

Writer: **Director:**

Production Title: **Date:**

Writer: **Director:**

Production Title: **Date:**

Writer: **Director:**

Production Title: **Date:**

Writer: **Director:**

Production Title: **Date:**

Writer: **Director:**

Production Title: **Date:**

Writer: **Director:**

Production Title: **Date:**

Writer: **Director:**

Production Title: **Date:**

Writer: **Director:**

Production Title: **Date:**

Writer: **Director:**

Production Title: **Date:**

Writer: **Director:**

Production Title: **Date:**

Writer: **Director:**

Production Title:

Date:

Writer:

Director:

Production Title: **Date:**

Writer: **Director:**

Production Title: **Date:**

Writer: **Director:**

Production Title: **Date:**

Writer: **Director:**

Production Title: **Date:**

Writer: **Director:**

Production Title:

Date:

Writer:

Director:

Production Title: **Date:**

Writer: **Director:**

Production Title: **Date:**

Writer: **Director:**

Production Title: **Date:**

Writer: **Director:**

Production Title: **Date:**

Writer: **Director:**

Production Title: **Date:**

Writer: **Director:**

Production Title: **Date:**

Writer: **Director:**

Production Title: **Date:**

Writer: **Director:**

Production Title:

Date:

Writer:

Director:

Production Title: **Date:**

Writer: **Director:**

Production Title:

Date:

Writer:

Director:

Production Title: **Date:**

Writer: **Director:**

Production Title: **Date:**

Writer: **Director:**

Production Title: **Date:**

Writer: **Director:**

Production Title:

Date:

Writer:

Director:

_____

_____

_____

_____

_____

_____

_____

_____

_____

_____

_____

_____

Production Title: **Date:**

Writer: **Director:**

Production Title: **Date:**

Writer: **Director:**

Production Title: **Date:**

Writer: **Director:**

Production Title: **Date:**

Writer: **Director:**

Production Title: **Date:**

Writer: **Director:**

Production Title: **Date:**

Writer: **Director:**

Production Title: **Date:**

Writer: **Director:**

Production Title: **Date:**

Writer: **Director:**

Production Title: **Date:**

Writer: **Director:**

Production Title: **Date:**

Writer: **Director:**

Production Title: **Date:**

Writer: **Director:**

Production Title:

Date:

Writer:

Director:

Production Title:

Date:

Writer:

Director:

Production Title: **Date:**

Writer: **Director:**

Production Title: **Date:**

Writer: **Director:**

Production Title: **Date:**

Writer: **Director:**

Production Title:

Date:

Writer:

Director:

Production Title: **Date:**

Writer: **Director:**

Production Title: **Date:**

Writer: **Director:**

Production Title: **Date:**

Writer: **Director:**

Production Title: **Date:**

Writer: **Director:**

Production Title: **Date:**

Writer: **Director:**

Production Title: **Date:**

Writer: **Director:**

Production Title: **Date:**

Writer: **Director:**

Production Title: **Date:**

Writer: **Director:**

Production Title: **Date:**

Writer: **Director:**

Production Title: **Date:**

Writer: **Director:**

Production Title: **Date:**

Writer: **Director:**

Production Title: **Date:**

Writer: **Director:**

Production Title: **Date:**

Writer: **Director:**

Production Title: **Date:**

Writer: **Director:**

Production Title: **Date:**

Writer: **Director:**

Production Title:　　　　　　　　　　　　　**Date:**

Writer:　　　　　　　　　　　　　　　**Director:**

Production Title: **Date:**

Writer: **Director:**

Production Title: **Date:**

Writer: **Director:**

Production Title: **Date:**

Writer: **Director:**

Production Title: **Date:**

Writer: **Director:**

Production Title: **Date:**

Writer: **Director:**

Production Title: **Date:**

Writer: **Director:**

Production Title: **Date:**

Writer: **Director:**

Production Title: **Date:**

Writer: **Director:**

Production Title:

Date:

Writer:

Director:

Production Title: **Date:**

Writer: **Director:**

Production Title: **Date:**

Writer: **Director:**

Production Title: **Date:**

Writer: **Director:**

Production Title: **Date:**

Writer: **Director:**

Production Title: **Date:**

Writer: **Director:**

Production Title:

Date:

Writer:

Director:

Production Title: **Date:**

Writer: **Director:**

Production Title: **Date:**

Writer: **Director:**

Production Title: **Date:**

Writer: **Director:**

Production Title:

Date:

Writer:

Director:

Production Title: **Date:**

Writer: **Director:**

Production Title:

Date:

Writer:

Director:

Production Title:

Date:

Writer:

Director:

Production Title: **Date:**

Writer: **Director:**

Production Title: **Date:**

Writer: **Director:**

Production Title: **Date:**

Writer: **Director:**

Production Title: **Date:**

Writer: **Director:**

Production Title: **Date:**

Writer: **Director:**

Production Title: **Date:**

Writer: **Director:**

Production Title: **Date:**

Writer: **Director:**

Production Title: **Date:**

Writer: **Director:**

Production Title:　　　　　　　　　　　　**Date:**

Writer:　　　　　　　　　　　　**Director:**

Production Title: **Date:**

Writer: **Director:**

Production Title:

Date:

Writer:

Director:

Production Title: **Date:**

Writer: **Director:**

Production Title: **Date:**

Writer: **Director:**

Production Title: **Date:**

Writer: **Director:**

Production Title: **Date:**

Writer: **Director:**

Production Title: **Date:**

Writer: **Director:**

Production Title: **Date:**

Writer: **Director:**

Production Title: **Date:**

Writer: **Director:**

Production Title: **Date:**

Writer: **Director:**

Production Title: **Date:**

Writer: **Director:**

Production Title:　　　　　　　　　　　　　　　　**Date:**

Writer:　　　　　　　　　　　　　　　　**Director:**

Production Title: **Date:**

Writer: **Director:**

Production Title:

Date:

Writer:

Director:

Production Title: **Date:**

Writer: **Director:**

Production Title: **Date:**

Writer: **Director:**

Production Title:　　　　　　　　　　　　**Date:**

Writer:　　　　　　　　　　　　　　　**Director:**

Production Title:

Date:

Writer:

Director:

Production Title: **Date:**

Writer: **Director:**

Production Title: **Date:**

Writer: **Director:**

Production Title:

Date:

Writer:

Director:

Production Title: **Date:**

Writer: **Director:**

Production Title: **Date:**

Writer: **Director:**

Production Title: **Date:**

Writer: **Director:**

Production Title: **Date:**

Writer: **Director:**

Production Title: **Date:**

Writer: **Director:**

Production Title: **Date:**

Writer: **Director:**

Production Title:

Date:

Writer:

Director:

Production Title: **Date:**

Writer: **Director:**

Production Title: **Date:**

Writer: **Director:**

Production Title: **Date:**

Writer: **Director:**

Production Title:

Date:

Writer:

Director:

Production Title:

Date:

Writer:

Director:

Production Title:

Date:

Writer:

Director:

Production Title: **Date:**

Writer: **Director:**

Production Title: **Date:**

Writer: **Director:**

Production Title: **Date:**

Writer: **Director:**

Production Title:

Date:

Writer:

Director:

Production Title:　　　　　　　　　　　　**Date:**

Writer:　　　　　　　　　　　　　　**Director:**

Production Title: **Date:**

Writer: **Director:**

Production Title: **Date:**

Writer: **Director:**

Production Title: **Date:**

Writer: **Director:**

Production Title: **Date:**

Writer: **Director:**

Production Title: **Date:**

Writer: **Director:**

Crawford House Publishing
201 Shaft Street
Glace Bay, Cape Breton Island, Nova Scotia
CANADA B1A 5Y9

For a complete list of books by the author, including Personalized journals and children's journals, visit:
www.kenncrawford.com/books

Ordering Information:
To order a personalized journal with a name not currently listed in our catalog, send an email to:
publisher@kenncrawford.com

Please include "Name Request" in the subject line, and the name you would like in the body of the email. Thank you.

Made in Cape Breton | Canada